AF509142

LA DÉPUTATION

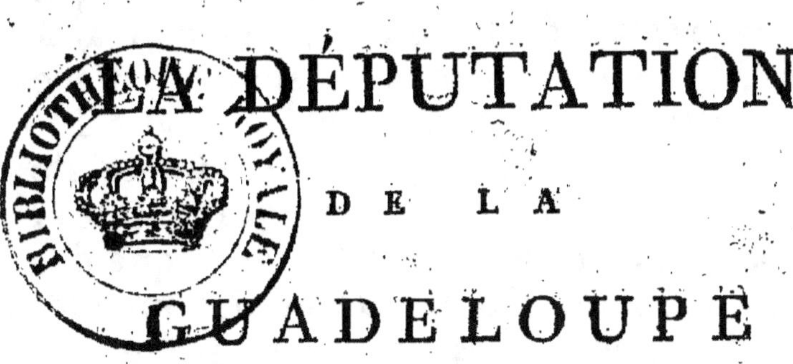

DE LA

GUADELOUPE

AU CORPS LÉGISTATIF;

A la Commission chargée par le Conseil des Anciens de l'examen de la Résolution du 24 Messidor, sur les déportés et réfugiés des Colonies.

LE Conseil des cinq-cents a pris, le 24 messidor, une résolution sur les déportés et réfugiés des colonies, qui est soumise à l'approbation du conseil des anciens. Il est du devoir des députés de la Guadeloupe d'éclairer la commission qu'il a nommée, sur le fond de cette résolution et sur la manière dont le projet a été mis à la discussion au conseil des cinq-cents.

A

Nous engageons la commission à se faire mettre sous les yeux les divers rapports qui ont précédé cette résolution ; elle se convaincra que, quoique la commission nommée dans la dernière session du corps législatif dût faire un rapport sur la situation commerciale de nos colonies dans les Indes-Occidentales, elle ne parla au conseil des cinq-cents que des désastres de Saint-Domingue et des moyens d'y remédier : elle présenta divers projets de résolutions, dans lesquels il ne fut également question que de Saint-Domingue. Parmi ces projets se trouve celui rédigé par le représentant Lecointe-Puyraveau, qui, d'après l'exposé des causes qui forcèrent les habitans du Cap à fuir de leurs habitations incendiées, et à aller chercher dans une terre hospitalière un asyle pour se soustraire au sort dont ils étoient menacés, propose leur retour dans les colonies, dont la force des circonstances les avoient contraints de s'éloigner. Quel est celui des représentans du peuple qui ne partagea pas la tendre sollicitude du rapporteur de la commission ? Quel est celui qui ne soupiroit pas depuis plus de deux mois pour que ce projet fut converti en résolution par le conseil des cinq-cents ? La discussion fut ajournée très-long-tems, et elle ne s'ouvrit que le 22 messidor.

Devoit-on s'attendre que sans un rapport préalable sur les causes de l'émigration des habitans des Isles du Vent, ces isles seroient intercalées dans les principaux articles d'un projet de résolution où il n'avoit été question que de Saint-Domingue, et qu'on proposeroit que toutes les dispositions prises pour cette colonie leur fussent applicables ?

En vain a-t-on proclamé à la tribune du conseil des cinq-cents que les causes de l'émigration des habitans des Isles du Vent étoient inconnues du conseil, puisqu'il n'avoit point été question de ces isles dans le rapport ; en vain a-t-on dit qu'un message ayant été fait au directoire exécutif pour connoître la situation de ces colonies, il convenoit d'ajourner l'application de la résolution proposée pour Saint-Domingue aux Isles du Vent, jusqu'à ce que la commission eut pu faire un rapport sur les causes qui avoient obligé les habitans de ces colonies à s'éloigner de leurs foyers. Cette proposition n'auroit pas été rejetée s'il eût été possible, en improvisant sur une matière qn'on ne s'attendoit pas à voir traiter, de mettre sous les yeux du conseil des cinq-cents tout ce qui a précédé l'émigration des colons des Isles du Vent qui habitent à présent les Etats-Unis de l'Amérique du Nord.

Ce que nous n'avons pas pu faire à la tribune du conseil des cinq-cents, nous le faisons devant la commission du conseil des anciens. Elle trouvera dans les pièces que nous lui remettons de quoi se convaincre que les causes d'émigration des Isles du Vent ne sont pas les mêmes que celles qui ont forcé les habitans de Saint-Domingue à abandonner leurs foyers. Les pièces que nous lui produisons sont authentiques : c'est un rapport fait par le représentant du peuple Queslin à l'assemblée législative ; c'est le compte rendu au conseil exécutif provisoire, par le citoyen Lacrosse, sur sa mission aux Islés du Vent ; ce sont des arrêtés de diverses assemblées coloniales de ces isles ; ce sont les adresses, les opinions, les lettres contre - révolutionnaires de ces mêmes fugitifs auxquels la résolution soumise à la sanction du conseil des anciens veut permettre l'entrée dans ces colonies ; ce sont les protestations d'une de ces assemblées coloniales et de ses députés auprès du dernier tyran des Français et auprès du roi George, *de ne jamais reconnoître d'autre autorité que celle du ci-devant roi de France* ; ce sont des documens qui prouvent que les colons rappelés par la résolution dans le sein de la République, ont conservé à leurs parens, même après la mort de ces derniers, tous les titres et qualifications proscrites par vos lois ; ce sont des proclamations des assemblées coloniales, des commandans et des délégués de la Convention nationale et des agens du directoire, pour engager les fugitifs non coupables à rentrer dans la colonie ; ce sont les promulgations de vos lois sur les émigrés ; ce sont enfin les modifications que les assemblées coloniales avoient droit de mettre à vos lois avant d'en ordonner l'exécution, à l'époque où aucune loi subséquente n'avoit modifié les lois du 10 mars 1790 et du 10 juillet 1791. Si d'après ce qui résulte des faits contenus dans ces pièces il est évident que la majorité des colons des Isles du Vent qui se sont réfugiés aux Etats-Unis sont non seulement des contre-révolutionnaires, mais même de véritables émigrés ; le conseil des anciens peut-il approuver une résolution qui n'eut jamais été présentée par le conseil des cinq-cents, si elle eût été précédée d'un rapport qui eût mis sous ses yeux ce qu'il ne sera pas permis au conseil des anciens d'ignorer.

Il n'y a eu aux Isles du Vent que trois époques d'émigration. La première, au mois de décembre 1792; la seconde, en juin 1793; et la troisième, en frimaire de l'an III.

Le rapport du représentant du peuple Queslin, fera connoître à la commission des anciens, tout ce qui avoit précédé la loi du 22 juin, pour l'envoi des troupes et des commissaires civils aux Isles du Vent. A l'époque où les assemblées coloniales en contre-révolution firent flotter sur les forts de la Martinique et de la Guadeloupe le pavillon blanc, le pavillon tricolor fut déchiré par les officiers municipaux, qui se décorèrent de l'écharpe blanche; tous les contre-révolutionnaires portèrent la cocarde blanche, et tous ceux qui ne voulurent pas remplacer la cocarde tricolore par ce signe de rebellion, furent déportés de la colonie. Les forces envoyées par l'assemblée législative se présentèrent devant la Martinique, elles furent repoussées de cette colonie à coups de canons; le vaisseau *la Ferme*, commandé par Lariviere, et la frégate *la Calypso*, commandée par Malvault, s'étoient réunis aux contre-révolutionnaires: ils donnèrent chasse, en portant le pavillon blanc, aux frégates de la République, qui portoient aux colonies le général Rochambeau et trois commissaires civils; ces frégates furent également repoussées de la Guadeloupe; elles furent obligées d'aller à Saint-Domingue; la gabare *la Bienvenue*

3

avoit trouvé asile dans une isle anglaise ; cet asile fut violé par Malvault, commandant *la Calypso* ; *la Bienvenue* fut enlevée de Saint-Christophe. La colonie de la Guadeloupe avoit embarqué à bord de *la Calypso* des contre-révolutionnaires pour renforcer son équipage ; des membres de l'assemblée coloniale avoient brigué cet honneur. Des lettres furent écrites par les assemblées coloniales de la Martinique et de la Guadeloupe, au roi et aux différentes places de commerce d'Europe, pour leur annoncer ce succès de la faction royaliste. Tout ce qui restoit de patriotes dans les deux colonies fût indistinctement déporté : Dubuc, Decurt et Clairfontaine furent députés pour France, avec défense de leurs commettans d'entrer dans aucune corporation politique, sous quelque dénomination qu'elle pût être, *soit assemblée nationale*, *soit états-généraux*, *soit convention nationale*. Ces députés eûrent une toute autre destination que celle qui étoit ostensible. Dubuc fut joindre à Londres Ducurt, qui, conjointement avec un certain Perpignan, traitoit avec les princes de la livraison des Isles du Vent. Un certain Cognac Demion fut envoyé dans les Antilles pour y traiter au nom des princes, de tout ce qui pouvoit avoir rapport à cette livraison, qui fut différée par un de ces événemens qui n'appartiennent qu'aux fastes de notre révolution.

Le capitaine Lacrosse, commandant la frégate *la Félicité*, arrive sur les parages de la Martinique ; il est étonné de voir flotter le pavillon blanc : il se rend à la Dominique ; là, il trouve tous les patriotes des Isles qui avoient été chassés de leurs foyers. Il électrise leur courage. Les heureuses nouvelles qu'il apportoit d'Europe sont répandues à la Guadeloupe avec précaution. Quelques patriotes, qui s'étoient soustraits à la persécution, se réunissent aux braves marins de la Pointe-à-Pitre ; ils reprennent la cocarde tricolore ; le pavillon blanc ne flotte plus sur les forts ; les patriotes s'y renferment. Deux camps formidables des contre-révolutionnaires se forment autour d'eux ; ils sont attaqués, ils résistent, ils attaquent, ils sont vainqueurs. Les membres de l'assemblée coloniale en contre-révolution, les officiers municipaux en écharpes blanches, les militaires à cocarde blanche, ceux qui s'étoient embarqués sur *la Calypso*, pour enlever *la Bienvenue*, les signataires qui avoient invité quelques mois auparavant les habitans de la colonie *à défendre la cause d'un roi qui devoit leur être d'autant plus cher qu'il étoit malheureux*, ce commandant qui disoit aux citoyens de couleur : *la colonie exige que vous preniez les armes pour défendre sa cause et celle d'un monarque infortuné qui confirme votre affranchissement par l'organe de son représentant* ; tous ces royalistes prononcés sont obligés de fuir devant le courage républicain ; ils vont dans les isles anglaises. Voilà la première époque de l'émigration de la Guadeloupe. Les patriotes à la Martinique obtinrent les mêmes succès, et Rivierre et Malvault, après avoir exercé la plus infame piraterie sur les bâtimens Français, vont livrer les bâtimens de l'Etat à nos ennemis, en les conduisant à la Trinité Espagnole.

(8)

Par ce simple exposé des faits qui ont donné lieu à cette première émigration, on voit que les circonstances qui militent en faveur des habitans du Cap, fuyant au milieu des flammes, ne sauroient être appliquables à des monstres qui n'ont fui de leurs foyers, après avoir trahi leur patrie, que pour éviter le juste châtiment dû à leurs crimes.

Cependant les patriotes ne négligèrent aucun des moyens nécessaires pour faire retourner dans la colonie ceux dont ils avoient tant eu à se plaindre. Les commandans Lacrosse et Kermené, la nouvelle assemblée coloniale, formée sous le nom de commission générale, firent des proclamations. Mais la majeure partie des émigrés fut sourde à cette invitation. Ils n'étoient pas retenus par la peur, l'amnistie leur étoit offerte, et elle fut accordée à plusieurs d'entr'eux qui ne quittèrent pas la colonie, et qui y jouissent encore de la plus grande tranquillité.

La guerre se déclara avec l'Angleterre, et le but des émigrés qui, presque tous, passèrent dans les isles anglaises, fut de se réunir à nos ennemis extérieurs et à quelques traîtres restés cachés dans la colonie, pour effectuer le marché passé par Decurt et Perpignan.

Trois mois après, c'est-à-dire, au commencement de 1793, *les planteurs de la Martinique étoient en correspondance avec Du Buc, leur député à Londres ; il leur faisoit part de ses négociations avec le Cabinet de Saint-James, de l'accord fait avec lui pour livrer les colonies au moment où une escadre anglaise se présenteroit pour en prendre possession* (1). Un Perçin se met à la tête des rebelles ; un vaisseau à pavillon blanc apporte Gimat dans cette colonie ; il est reconnu pour Gouverneur par les planteurs ; Gaudin de Soterne s'empare du Gros-Morne ; Seysselle et Aquart se rendent maîtres de la Trinité et du Marin ; huit vaisseaux anglais paroissent quelques jours après devant la Martinique ; le général Rochambeau, commandant pour la République, livre plusieurs combats aux rebelles. Ce ne fut que le 9 Juin, *que les planteurs, coupables d'une double rebellion, se hâtèrent de suivre l'exemple de leurs protecteurs, qui leur offrirent azile à bord de leurs vaisseaux ;* mais avant leur départ, ils avoient fusillé de sang-froid quinze patriotes qui étoient tombés entre leurs mains, et ils avoient poussé la barbarie jusqu'à faire creuser au citoyen Fenelon sa fosse, avant de lui donner la mort.

Voilà les circonstances de la deuxième émigration des Isles du Vent. Qu'on les compare à celles de l'incendie du Cap, et l'on jugera si elles doivent exciter le même intérêt.

La Martinique fut attaquée de nouveau dans les premiers mois de 1794 (v. st.), et prise par les émigrés coloniaux, réunis aux Anglais. Le 21 Germinal, an II, ils attaquèrent la Guadeloupe, qui pût résister d'autant moins aux forces considérables dirigées contre elle, que quelques ennemis restés dans l'intérieur étoient parvenus à entretenir des correspon-

─────────────────────────

(1) Rapport de Lacrosse.

dances avec les émigrés, et à semer la division parmi les patriotes, dont l'union eut opposé, au moins, une résistance plus longue aux forces de terre et de mer dirigées contre cette colonie.

A peine les ennemis furent-ils en possession de la Guadeloupe, qu'une proclamation du général Dundas chargea 17 Guadeloupéens, émigrés, rentrés avec les Anglais, d'exercer, au nom du *Roi d'Angleterre*, la police dans la colonie. Ce Clairfontaine, cet agent de l'assemblée coloniale contre-révolutionnaire, nommé pour aller traiter conjointement avec Du Buc et Decurt, de la livraison des Antilles; ce Clairfontaine fut nommé Commissaire général pour le *Roi George*; et nous remettons en original à la Commission un de ces ordres signé de lui, en vertu desquels près de cinq mille patriotes des Isles du Vent furent déportés, embarqués sur des bâtimens pourris, sans vivres, sans eau, et destinés pour port Malo, qu'on croyoit alors au pouvoir des Anglais.

Pendant que les Anglais et les émigrés français s'emparoient des Isles du Vent, la Convention nationale s'occupant de leur défense, faisoit partir de Rochefort deux frégates, deux Commissaires civils et huit cents gardes nationales. Ce foible convoi arrive à la vue de la Guadeloupe; il apprend qu'elle est en la possession des Anglais, que l'isle est défendue par six mille hommes. L'intrépidité des républicains n'est point attiédie par cet événement imprévu; ils descendent; ils enlèvent d'assaut un fort défendu par une garnison de

neuf cents hommes ; ils voyent avec étonne-
nement que la plus grande partie des morts
et des prisonniers sont des Français , des émigrés rentrés avec les Anglais : les fuyards tra-
versent la rivière salée qui sépare l'isle de la
Guadeloupe en deux parties ; ils le font avec
tant de précipitation , que le bac coule sous
leur poids. Les émigrés et les Anglais , revenus
d'une première frayeur , ne désespèrent pas
de vaincre des ennemis dont ils connoissent
l'infériorité du nombre ; mais les Commissaires
civils , trouvent les moyens de conserver la
colonie dans le Décret qu'on dit avoir perdu
Saint-Domingue ; ils publient ce Décret du 16
Pluviôse , ils organisent une force armée avec
laquelle ils résistent à des attaques formidables,
dans une ville ouverte , pendant quarante jours
de bombardement : d'assiégés ils deviennent
assiégeants ; ils entourent un camp ennemi et
lui font mettre bas les armes ; là ils trouvent
encore des émigrés français , que l'Anglais
avoit fait ranger à part , afin qu'ils fussent
plus facilement reconnus lorsqu'ils seroient
désarmés ; l'ennemi , forcé jusque dans les
montagnes et les fortifications de la Basse Terre,
se rembarqua sur ses vaisseaux , et , avec lui,
disparurent tous les royalistes rentrés dans
la colonie.

A l'époque de cette troisième émigration ,
quelques citoyens craintifs se retirèrent aussi,
atteints par la peur , à la nouvelle Angleterre
et dans les isles voisines. Une proclamation
des Commissaires nationaux les invita à retourner dans la colonie ; elle fut répandue avec
profusion dans les isles neutres ; plusieurs fu-

gitifs rentrèrent et furent reçus sans difficulté : mais ceux qui ont persévéré , qui sont restés chez l'étranger , sont, pour la plupart, ceux qui avoient émigré en 1792 , qui s'étoient réunis aux Anglais pour attaquer la Martinique en l'an II , qui étoient revenus en l'an III avec ces mêmes Anglais , lors de la prise de la Guadeloupe, qui avoient promis, par serment, au Roi George , de servir Sa Majesté de tous leurs moyens , même de leurs personnes , contre ses ennemis ; ce sont ceux qui s'armèrent à l'arrivée des troupes républicaines, et qui leur résistèrent jusqu'à la dernière extrémité ; ce sont ceux qui se trouvent portés sur les registres de l'hôpital militaire anglais du camp Saint-Jean , comme blessés en combattant contre les Français.

Cette troisième émigration ne ressemble pas plus que les deux autres à la fuite du Cap ; et la conduite des commissaires de Saint-Domingue , qui proscrivent les réfugiés dans les pays neutres, et celle des commissaires de la Guadeloupe , qui invitent les fugitifs à rentrer dans leurs foyers , forment encore un contraste assez frappant pour pouvoir en conclure qu'à la suite d'un rapport sur les événemens de Saint-Domingue , une commission qui n'avoit en son pouvoir aucune pièce qui là mit à même de prononcer sur les émigrés des Isles du Vent , a induit en erreur le Conseil des Cinq-Cents , en refusant d'ajourner l'application aux Isles du Vent, des mesures proposées pour Saint-Domingue , jusqu'à ce qu'il eut été fait un rapport sur les événemens de ces Colonies.

Ce que n'a pas fait la commission du Conseil des Cinq-Cents, nous mettrons la commission du Conseil des Anciens, à même de le faire ; et le Corps Législatif, instruit des circonstances de l'émigration des Colons des Isles du Vent, verra si les mesures prises pour ceux de Saint-Domingue, leur sont applicables.

Nous savons qu'une partie des crimes imputés aux Colons contre - révolutionnaires, sont effacés par les amnisties qui ont été publiées, et dans lesquelles sont compris la plupart des délits qu'ils ont commis ; mais nous avons dû rappeler ces forfaits pour dévoiler les véritables motifs de leur émigration, et pour prouver que si les Colons de Saint-Domingue peuvent être excusés d'avoir violé la loi, ceux des Isles du Vent, n'ont aucune raison à produire qui puisse militer en leur faveur.

La loi du 10 juillet 1791, en forme d'instruction pour les Colonies, déclare (art. 1er.) Qu'elles font partie de l'empire Français. Les lois rendues par le Corps Législatif, sont envoyées au gouverneur qui les fait publier, en les adressant au tribunaux (titre 4. art. 18.) L'assemblée Coloniale, peut prendre des arrêtés qui, sanctionnés par le gouverneur, ont force de lois pour la Colonie ; (*ib.* art. 5.)

Le citoyen Lacrosse, faisant fonctions de gouverneur à la Guadeloupe, avoit été chargé à son départ de France, d'apporter dans la Colonie, les lois sur les émigrés. Il remit à l'assemblée Coloniale, particulièrement celle du 8 avril, et du 25 août 1792 : ces lois furent publiées dans la colonie, et l'assemblée prit les 25 mai, 11 juillet, 10 et 24 août, 17 et 28 septembre, 11 et 12 octobre 1793 (*v. s.*) des arrêtés, qui ayant été sanctionés par le gouverneur, ont force de lois dans la Colonie. Nous remettons sous les yeux de la commission du Conseil des Anciens, ce que nous n'avons pu communiquer à celle du Conseil des Cinq-Cents, puisque avant le 22 messidor, rien ne nous avoit annoncé que la résolution proposée pût être applicable à la Guadeloupe. Voyons maintenant, si cette résolution n'est pas contraire aux lois existantes, et aux arrêtés de l'assemblée Coloniale, qui ont force de lois.

Les lois existances veulent, (à quelques exceptions près) qu'il faille prouver sa résidence continuelle sur le territoire français, depuis le mois d'avril 1792, pour n'être pas compris dans le nombre des émigrés. La résolution propose de ne pas ranger parmi les émigrés des contre-révolutionnaires notoirement connus qui, après avoir tenté tous les moyens de contre-révolution, pour se soustraire à la peine due à leurs crimes, se sont retirés aux Etats Unis.

L'article Ier. de l'arrêté de l'assemblée Coloniale de le Guadeloupe, du 11 juillet, porte :
« sont reputés notoirement émigrés, toutes
» personnes de l'un et de l'autre sexe, qui
» ayant quitté la Colonie avec ou sans congés
» des municipalités et notamment depuis le 21
» du même mois, (époque de la reprise du
» pavillon nationale) ne sont pas rentrées dans
» les lieux de leur domicile postérieurement à la
» proclamation de la déclaration de guerre. »

L'article V, de ce même arrêté, est ainsi conçu : « sont réputées émigrées. . . . les per-
» sonnes de l'un et l'autre sexe, passées à
» la nouvelle Angleterre, par congé. . . . qui
» ne justifieront pas dans le délai de trois
» mois, du jour de la promulgation du pré-
» sent, qu'elles résident actuellement par
» continuité des motifs desdits congés, et
» sans interruption, dans le territoire allié,
» depuis la promulgation de la déclaration
» de guerre, et ce par des certificats asser-
» mentés de deux notables, devant les offi-
» ciers publics du lieu de leur résidence,
» visés par le consul, sur les lieux, et par
» l'ambassadeur de la république auprès des
» Etats Unis. »

Il suffira de comparer ces deux articles, à la résolution proposée pour se convaincre qu'elle est contraire à des arrêtés qui sont des lois existantes dans les colonies, lesquelles ont été maintenues jusqu'à l'acceptation de là constitution, et que depuis elles n'ont pû être révoquées, même par le corps législatif.

On a entendu avec étonnement quelques membres du conseil des cinq-cents dire que les lois sur les émigrés n'étoient pas applicables aux colonies, pendant que la loi du 28 août 1792 applique expressément aux colonies toutes les lois alors existantes sur l'émigration ; l'article XIV de cette loi renferme toutes les exceptions en faveur des Français absens des colonies, et ce sont les mêmes que celles de l'article VI de la loi du 8 avril. Si cet article contient quelques nouvelles exceptions en faveur de Saint-Domingue et de la Martinique, ce n'est que pour des événemens passés ; et ces exceptions mêmes ne sont point applicables à la Guadeloupe, qui n'est pas nommée dans l'article XIV.

La même loi du 28 août, article premier, ordonne la saisie et la vente des biens que possèdent les émigrés dans les colonies. L'assemblée coloniale fit séquestrer trente-deux habitations, mais elle n'en ordonna pas la vente.

La résolution propose de lever le séquestre mis sur les biens des colons qui justifieront de leur résidence aux Etats-Unis, quoiqu'ils ne se soient pas conformés dans le tems à l'arrêté de l'assemblée coloniale, du 11 juillet 1793 ; les émigrés de la Guadeloupe qui sont dans les Etats-Unis, n'y résident que depuis la troisième époque de l'émigration des colons des Isles du Vent, près d'un an après la publication de cet arrêté ; ils étoient dans la colonie lorsqu'il a été rendu public et affiché dans tous les bourgs : non-seulement on vous propose de lever le séquestre mis sur leurs biens en exécution d'une loi qui ne peut être rapportée, mais encore de les dispenser des frais de séquestre et de gestion, pendant que l'article XXIV de la loi du 8 avril 1792, en ordonnant que les émigrés rentrés depuis le 9 février seroient réintégrés dans leurs biens, les assujettissoit aux frais de séquestre, au paiement de leurs impositions et même à une indemnité envers la nation.

Si on vouloit encore soutenir que les lois sur l'émigration ne sont pas applicables aux colonies, il suffiroit d'opposer à cette allégation l'article VIII de la loi du 28 août 1792, qui ordonne que celle du 8 avril précédent *sera promulguée dans les colonies aux fins de son exécution*; nous ajoutons qu'un ordre du jour, du 8 novembre 1792, revêtu de toutes les formalités d'une loi, applique la peine de mort aux émigrés rentrans dans les colonies, par la raison que le mot *France*, dans le décret du 23 octobre 1792, *comprend les colonies*.

Les municipalités de la Guadeloupe, en conformité de l'article VII de la loi du 8 avril 1792, ont dressé des listes des personnes absentes ou réputées émigrées; ces listes ont été adressées au directoire exécutif par ses agens; elles n'ont pû être discutées et approuvées par l'administration départementale, qui n'existe pas. Jusqu'à cette approbation, les personnes présumées coupables d'émigration pourront aller se défendre devant le département qui sera établi, avant qu'il n'ait prononcé. La justice sera rendue à tous individuellement, mais il ne faut proscrire ni justifier en masse.

A ces raisons, qui s'opposent à l'adoption de la résolution présentée, nous ajouterons que lorsqu'il n'y a qu'une seule colonie française où le décret du 16 Pluviôse ait été publié sans commotion, lorsque cette colonie a résisté, par ses propres forces, aux efforts puissans de nos ennemis, il seroit impolitique de prendre, dans un moment où le gouvernement s'occupe des moyens de nous procurer une paix solide et glorieuse, des mesures qui peuvent apporter des troubles dans cette même colonie, et la faire peut-être livrer aux Anglais.

Le décret du 16 Pluviôse y a été publié sans commotion ; mais, ne cachons pas qu'il ne pouvoit y avoir d'opposition de la part des grands planteurs qui, la plupart, étoient réunis aux Anglais ; ceux de la partie de la Guadeloupe qui n'étoit rentrée dans la possession des Français que quatre mois après leur descente, ont témoigné leur haine contre la liberté générale, en enlevant plus de sept mille noirs qu'ils ont été vendre en pays étranger.

La colonie résiste aux efforts de nos ennemis parce qu'elle est défendue par des patriotes persécutés depuis le commencement de la révolution, et qui craignent et haïssent moins les Anglais que les émigrés, auteurs de tous leurs maux. Réfléchissez-y, citoyens collègues : la résolution proposée offre à des traîtres un moyen facile de rentrer dans cette colonie. La plupart de ces émigrés sont aux États-Unis, les autres s'y rendront ; on ne pourra leur refuser de certifier qu'ils ont été, *pendant la guerre*, sur le territoire neutre de l'Amérique du Nord ; n'importe quel temps ils y auront résidé, ne fut-ce qu'un jour, pourvu que ce soit *pendant la guerre*, ils ont rempli la formalité que la résolution leur prescrit ; se fussent-ils couverts de crimes dans la colonie, ils invoqueront les différentes amnisties ; sur un seul point seulement, le fait de l'émigration, ils ne peuvent la réclamer, et la résolution vous propose de les faire absoudre de ce crime.

Qui nous repondra qu'à la nouvelle du retour de leurs plus cruels ennemis, le désespoir ne s'emparera pas des patriotes, a qui vous devez la conservation de la colonie ? Voulez-vous les exposer a rendre à ces émigrés tous les mauvais traitemens qu'ils en ont reçus ? Et s'il s'élève une seule rixe entre la population blanche ; si les noirs se rangent de l'un ou de l'autre parti ; s'ils se divisent même, tout est perdu ; on verra à la Guadeloupe, la même guerre civile qu'à Saint-Domingue, et la Guadeloupe sera détruite. Conservez cette colonie intacte, si à la paix vous voulez ramener la tranquillité dans vos possessions des deux Indes, par l'exemple de la Guadeloupe, qui prouve que la terre en Amérique, comme ailleurs, peut-être cultivée par des mains libres. Nous pouvons perdre en un instant le fruit de tous les soins que nous avons pris depuis quatre ans, pour que le calme ne fut pas troublé dans cette colonie, des intérêts de laquelle nous nous occupons plus avec le gouvernement qu'aux tribunes des conseils, parce que nous avons observé que les malheurs des autres colonies sont les tristes effets des dicussions élevées successivement à leur sujet dans les assemblées nationales.

Nous eussions remis à la commission du conseil des cinq-cents tous les renseignemens que nous vous donnons, si, comme nous l'avons déjà dit, l'impression de son rapport et de son projet de résolution, ne nous eut annoncé qu'elle ne s'occupoit que de Saint-Domingue, mais dès que nous n'avons pû obtenir l'ajournement, jusqu'après un rapport qui fit connoître les causes de l'émigration des Isles du Vent, nous avons dû vous donner à ce sujet tous les éclaircissemens nécessaires afin que vous pûssiez empêcher le mal que nous prévoyons. Quelque soit la décision du corps législatif, fidèles à nos principes, nous engagerons nos commetans à s'y soumettre. Nous avons rempli notre devoir, et si la résolution est adoptée, et que par son effet la tranquillité de la colonie soit troublée, nous trouverons notre justification dans les derniers efforts que nous faisons pour la conserver à la mère - patrie.

LION, *membre du conseil des cinq-cents ;*

DUPUCH, *membre du conseil des Anciens.*

De l'imprimerie de LEMAIRE, rue d'Enfer, n°. 141.

www.ingramcontent.com/pod-product-compliance
Lightning Source LLC
LaVergne TN
LVHW011441170726
843501LV00009B/3285